야생의 족보

임채성 시집

시인동네 시인선 171 　　　　　　　　임채성 시집

야생의 족보

시인동네

시인의 말

읽히지 않는
이 땅의 시집을 위해 희생된
나무들에게
깊은 조의를 표합니다.

둥지를 잃은 새들과
그늘을 앗긴 동물들에게도
삼가 용서를 구합니다.

부디 그들의 희생이 헛되지 않기를……

2022년 3월
임채성

차례

시인의 말

제1부

층층시하 · 13
스무 살의 사지선다(四枝選多) · 14
이카로스의 날개 · 15
선녀와 나무꾼 · 16
송아기와 송아지 · 17
나는 댕댕이로소이다 · 18
호상(好喪) · 20
대치동 · 21
스타벅스, 스타벅스 · 22
하현달 · 23
둥지 · 24
땅의 연대기 · 25
카인의 땅 · 26
18시 33분 · 27
달팽이의 주소 · 28

제2부

딸랑딸랑 · 31

아메바 · 32

꽃마니 · 33

호모 포에티쿠스 · 34

대왕암 앞에서 · 35

청동검의 노래 · 36

웰컴 투 헬 · 38

졸피뎀의 시간 · 39

혼술 · 40

옹이박이 · 41

배, 탈 · 42

그렇게, 남자 · 43

무임승차 · 44

사나이의 바다 · 45

종이컵 · 46

제3부

69 · 49

겨울 지오피 · 50

경의선 북행 전철 · 51

4·19탑 앞에서 · 52

울돌목 노을 · 53

겨울 정동진 · 54

청령포 · 55

묵언화법 · 56

월정리역에서 · 58

두루미마을에서 · 59

욕지도 · 60

백야의 숲 · 61

박혁거세의 불 · 62

봄, 2020 · 63

절집 이야기 · 64

제4부

야생의 족보 · 67

개찌버리사초 · 68

달맞이꽃 · 69

남방큰돌고래 · 70

연어처럼, 여우처럼 · 71

이팝꽃 · 72

낙지 · 73

민달팽이에게 · 74

아무르장지뱀 · 75

강아지풀 · 76

버자이너 모놀로그 · 77

보금자리 · 78

백두 가솔송 · 79

달과의 대화 · 80

날아라, 두루미 · 81

들개 · 82

제5부

코로나 시대의 사랑 · 85

폭염주의보 · 86

홀로코스트 · 87

폐곡선의 하루 · 88

말복(末伏) · 89

다시, 광복절 · 90

제주 동백 · 91

성산봉 일출 · 92

백록의 눈물 · 93

한모살 · 94

빌레못굴 연대기 · 96

가시리 · 100

목시물굴의 별 · 102

달하 노피곰 도다샤 · 103

사랑이 사랑에게 · 106

해설 자본-기계의 풍경, 그리고 신화적 상상력 · 107
오민석(문학평론가·단국대 교수)

제1부

층층시하
— 다큐와 르포 사이·3

사람 위에 사람 있고
사람 밑에 사람 있다

찬물도 쌍둥이도 위아래가 있다던가, 상하좌우 뒤집기가 금지된 욕실에서 목과 허리 굽혀 언 몸속의 찌꺼들을 정화 의식 치르듯 아래층에 쏟을 동안,

누구냐?
내 머리 위에 똥물을 끼얹는 이

스무 살의 사지선다(四枝選多)

㉮㉯㉰ ㉱ ㉮㉯㉰
㉮㉯㉰㉯ ㉱㉰㉮㉰

㉮㉰㉰ ㉱ ㉮㉰㉰
㉮㉰ ㉮㉰ ㉮㉰㉯㉰

㉯㉱㉯
㉱㉰㉮㉱㉯
㉮㉰㉯㉰ ㉮㉰㉯

어디로 가야 할까
시험에 드는 날들

짓부릅뜬 두 눈에도 답은 당최 뵈지 않고

네거리 신호등 위로
붉은 해가 걸리네

이카로스의 날개

자동차 그림자가 컵밥 그릇 밟고 간다
동공을 쏘는 불빛 편두통을 일으키고
가슴엔 타이어 자국
문신처럼 새겨진다

불면이 홰를 치면 찾아드는 짙은 허기
태양에 가까워지려 밤을 밝힌 도시에서
별은 또 빛을 잃은 채
어둠에 묻혀간다

나는 법을 잊어버린 고시원 비둘기가
이력서에 쏟고 쏟는 빙점 밑 강물 소리
무궤도 별똥별 하나
한강으로 떨어진다

선녀와 나무꾼

스물 남짓 몸담았던 천상을 걸어 내려
SKY 졸업장 들고 빌딩 숲에 들어섰네
동화 속 날개옷 한 벌 투피스로 차려입고

그러나 하늘 길은 어디나 막혀 있었네
연싸움에 닳고 닳은 낙하산줄 하나 없인
돔 지붕 유리천장에 닿을 수가 없었네

어느 날 그녀에게 나무꾼이 다가왔네
여남은 번 도끼질에 날개옷은 찢겨지고
그렇게 엄마가 됐네, 명함 한 장 갖지 못한

창밖의 해와 달이 그림자를 키울 동안
깃 빠진 날갯죽지에 홰를 치는 신경통
끝끝내 승천의 꿈은 대물림으로 전하네

송아기와 송아지

졸린 눈 갓난쟁이 소젖 쪽쪽 빨고 있다

브래지어 풀어놓고 컵사이즈 재던 엄마

수입산 유축기 앞에 신트림을 끄윽! 한다

아기의 입 안에서 음매 하고 소가 운다

풀내 나는 옹알이가 빈 젖병을 채울 동안

대관령 푸른 목장이 기저귀에 펼쳐진다

나는 댕댕이*로소이다

자고로 인간이란
장마철 하늘과 같아

꼬리 슬쩍 흔들어주면
야살을 떨다가도

이빨을 보일라치면 사색 되는 꼴이라니

둘만 있는 집 안에선
주인처럼 굴어도 돼

코는 슬쩍 치켜들고
눈은 좀 내리깐 채

집사가 부르는 소린 한쪽 귀로 흘리며

그 정도 권력쯤은
연금 받듯 챙겨야지

피붙이 살붙이도
찾지 않는 저 홀앗이

곁붙이 내가 아니면 누가 웃게 해줄 건데

＊'멍멍'과 모양이 비슷한 '댕댕'을 넣어서 만든 말로써 '애완견'이나 '반려견'을 뜻한다.

호상(好喪)

저
죽어서도 웃고 있는
성자의 주검을 보라

산 자들 엎드린 모습 흐무지게 굽어보는
지극히 거룩하고도
숭엄한 해탈의 입매

이
얼마나 아름답고
느꺼운 죽음이냐

사신공양 제단 앞에 기꺼이 목을 바친
수퇘지 미소 띤 입에
감사헌금이 쌓이네

대치동

여기선 개들마저 혀꼬부랑 소리로 짖네
새벽부터 자정 넘게 노랑버스 좇고 좇다
다국적 친구들 앞에 제 주인 자랑하듯

더 높이 서기 위해 키를 늘인 아파트들
24시 편의점 같은 학원 불빛 깜박일 때
가로수 가슴팍에도 등급표가 내걸리고

앞서간 발자국을 따라잡아 지우려는 듯
한 번에 두세 걸음 축지법을 쓰는 초침
대치맘* 구둣발 소리 시곗바늘 끌고 가네

---

* '대치동 엄마'를 일컫는 신조어.

스타벅스, 스타벅스

사람들이 강물을 떠 마실 수 없게 되자
강이 점점 사람들을 집어삼키기 시작했다

일일구 사이렌 소리
한강대교를 질주한다

그래도 사람들은 강을 보며 마주 앉아
머그잔과 생수병에 하루해를 담고 있다

사이렌,
초록 마녀가 물속에서 웃고 있다

하현달

거미줄에 발이 걸린 달빛이 휘청거린다
고요가 고요 속에 침잠하는 자정 넘어
등 굽은 백발 할머니
어둠을 끌고 간다

지상의 잠 깨울까 봐 발소리 죽여 가며
십자가 첨탑에 앉아 숨도 잠시 골라가며
십 분에 딱 한 걸음씩
나무늘보 걸음새로

우회로는 이미 막힌 일방통행 외길에서
시침 분침 길이만큼 짧아진 시간의 보폭
또 하루 소진의 기억
서천으로 저문다

둥지

불빛보다 달빛이 밝은 산동네 언덕배기
등은 살짝 굽었어도 늘 푸른 소나무에
신혼의 까치 한 쌍이 포르릉 날아들었다

아침부터 저녁까지 새 날을 노래하며
뻠들이로 물어 나른 삭정이와 지푸라기
굵다란 가지 안쪽에 둥지 하나 틀었다

솔 그늘에 해가 들자 돌풍이 일어났다
그악스레 달려드는 까마귀 일족 앞에
갓 낳은 알은 깨지고 바람벽도 무너졌다

까치 울음 맴을 도는 재개발 정비구역
투구 쓴 철거반원 판잣집을 을러멜 때
뉴타운 보금자리주택 분양이 시작된다

땅의 연대기

풀과 나무 살던 땅에 사람들이 몰려왔다
야성의 목을 겨눈 서슬 퍼런 낫과 도끼

눈치껏 고개를 숙인
밀과 벼만 번성했다

천년이 흐른 뒤엔 곡식들도 밀려나고
흙과 돌 쇠붙이로 도시를 만들었다

더불어 진초록 산도
잿빛으로 물들었다

땅 위에 금을 긋고 공기까지 팔고 사며
햇빛과 달빛마저 나눠 가진 인간의 대지

등기부 토지대장이
비대증을 앓고 있다

카인의 땅

새로 일군 텃밭머리 김매기가 한창이다
바랭이 쇠비름의 머리채를 꺼두를 때
떡잎이 다른 것들의
숨소리가 가빠진다

실팍한 잎과 열매 바치지 못한 것이
울 밖으로 내쫓겨야 할 이유의 전부일 뿐
또 다른 그의 죄목을
아는 이는 거의 없다

흙의 자손 품지 않는 인간의 땅에 나서
구조조정 호미질에 잘리고 묻힌 이름
아벨의 후예였구나
죽어서도 복권(復權) 안 될

18시 33분

단두대 칼날 같은 시침 분침 겹쳐지면

비명도 절규도 없이 선지피를 쏟는 하늘

잘려진 하루의 목이 빈 술잔에 떨어진다

목 잃은 좀비들이 헤매 도는 뒷골목엔

기름 솥을 뛰쳐나온 바삭한 닭 울음이

고층 숲 도시를 향해 홰치는 시늉을 하고

가로수 뿌리 틈새 월세 든 민들레가

청소차 매연 앞에 방독면 뒤집어쓸 때

취객의 구둣발 소리 어스름에 묻힌다

달팽이의 주소

제 집을 갖지 못한 민달팽이 한 마리가
아파트 담벼락을 밤새도록 기어오른다

몸속의 진액이 빠진
땀방울이 끈적하다

오르다 미끄러지면 다시 또 오르는 길
잠 없이 꿈을 꾸며 쉬지 않고 올라가도
하늘가 별빛은 멀어 더듬이가 떨린다

노숙이 길어질수록 아귀힘은 빠져가고
월세와 전세 모두 고층으로 치솟는 도시

무허가 그린벨트에
재개발이 시작된다

제2부

딸랑딸랑

남자는 죽을 때까지 방울을 울려댄다

한 푼 줍쇼
한 번 줍쇼
쉴 새 없이 딸랑거리며

세상과 사람 사이를 잰걸음으로 오간다

내 가랑이 밑쪽에도 딸랑이가 자라났다

아버지 눈을 감고
방울 소리 끄신 그날

태곳적 사내의 숙명 대물림되고 있었다

아메바

단세포라 놀림 받던 그런 시절 있었다
잠 오면 드러눕고 배고프면 밥을 찾아
온종일 투명한 웃음 입꼬리에 달고 살던,

눈가 주름 늘고 보니 그때가 그리워진다
생각이 생각을 낳아 세포분열 하는 도시
먼지 낀 중년의 대기 불빛 다 어지럽다

긴 하루 썰고 썰어 톺아보는 현미경엔
천 갈래 미로들도 밥과 잠의 퍼즐일 뿐
과체중 머리를 비운 아메바로 살고 싶다

꽃마니

심마니 삼을 찾듯 꽃을 좇아 꽃마니라
아내 몰래 할부로 산 카메라 둘러메고
꽃 앞에 납작 엎드린 꽃마니가 있었네

야생의 꽃을 탐해 야생으로 사노라며
해돋이 해넘이를 마른 숲에 묶어 두고
뭇 꽃과 눈을 맞추는 꽃마니가 있었네

노루귀 처녀치마 앉은부채 얼레지까지
그 싹 행여 밟을세라 고승 같은 걸음발로
본 꽃도 보고 또 보는 꽃마니가 있었네

성에 낀 가슴속에 못다 일군 꽃밭뙈기
홀로 피는 봄꽃처럼 도시를 멀리한 채
꽃잎에 술을 따르는 꽃마니가 아직 있네

호모 포에티쿠스*

그들의 경작지엔 야생마가 득시글했네
구슬리고 을러 봐도 날뛰기만 하는 말들
울타리 말뚝을 박고 가두고야 말았네

그날부터 사람들은 낫과 도끼 내버리고
새끼줄 동아줄로 고삐 재갈 만들었네
된소리 거센소리도 말모이에 잠들었네

그러던 어느 밤에 벙어리가 찾아왔네
말을 훔쳐 달아나다 붙잡힌 그를 위해
마을은 잔치를 열어 말총붓을 선물했네

오늘도 말을 타고 말을 좇는 말술사들
형형색색 말의 집엔 여름 겨울 갈마들고
해 달 별 수만 꽃들이
피고 지고
피고… 지네…

―――――
*homo poeticus: 시적인 인간.

대왕암 앞에서

옛 사내 용울음이 전설로 뜬 감포에서
물과 뭍 호령하는 파도 소리 엿듣는다
갈매기 핏발 선 눈빛
내 행색을 훑을 동안

죽어서도 이름 떨친 그대는 왕이었고
살아서도 이름 없는 나는 왕을 꿈꾼다
밤도와 달려온 길이
용궁으로 뻗어 있다

한사리 햇덩이가 코피 쏟는 동녘 바다
갓 깨난 피톨들이 윤슬로 파닥일 때
비곗살 내 심장에도
뱃고동이
뚜! 울린다

청동검의 노래

1.
얼마나 걸었을까
무릎뼈가 시큰하다
얼어붙은 산과 계곡 자갈뿐인 들을 지나
신탁(神託)을 따라나선 길 흙먼지가 자욱하다

2.
선지자 거울에 비친 바닷가 수정 동굴
검은 용에 붙들려 간 아사달의 왕녀 찾아
차디찬 동토의 대륙, 봄 다시 맞고 싶다

횟배 앓는 바람 소리 칼집에 갇혀 울 때
비파형 검을 덮는 이끼 같은 푸른 녹들
어둠의 역린을 찔러 용의 피로 씻으리라

3.
성전(聖戰)의 상처에는 거먕빛 꽃이 핀다
공주여, 용의 불길에 내 몸이 타거들랑

해 바른 고인돌 아래 검과 함께 묻어주오

그대 손이 어루만진 수의라도 입는다면
선사의 주술 뚫고 한 신화로 깨어나리
살 비린 피의 내력을 싹둑 끊은 전사로서

웰컴 투 헬

헤비메탈 노래 속의 가사를 잘못 들었네
웰컴토일 웰컴토일 고개만 갸웃거리다
마침내 알아차렸네,
웰컴투헬 본딧말을

신화 속 메두사처럼 머리카락 풀어헤치고
세상 향해 내지르는 고음의 샤우팅* 앞에
토·일이 지옥이 된 듯 내 귀는 뜨거웠네

식당 알바 나와 보니 오늘이 또 주말이네
잠시 몸 뺄 짬도 없이 밀려드는 손님, 손님
시뻘건 잉걸 숯불이
지옥불로 타고 있네

―――――
*포효하듯 소리를 내지르는 창법.

졸피뎀의 시간

잠 못 드는
밤과
밤이
층층이 쌓여간다
뜻 모를 낱말들이 날벌레로 자라나고
벽시계 느린 초침이 어둠을 조리질한다

한때는 빛이었다,
내가 선 모든 곳이
손 흔드는 나뭇잎에 노을마저 앗긴 지금
하늘은 기억의 성소에 암막 커튼 씌운다

지난 일 다 지워야 새살 돋듯 해가 뜰까
새끼손 마주 걸던 낮 동안의 꿈을 좇아
정녕코 깨지 않을 잠을
너와 함께
자고
싶다

혼술

쐬주! 하고 불러야만 맛이 더 우러난다

백태 낀 혀뿌리부터 천불 이는 가슴까지

단숨에 씻고 눅여줄 애인의 그 입술처럼

키핑 못한 하루는 꼭, 잔술에도 취하더라

이십 도 알코올을 십팔 도로 낮춰 봐도

이 씨팔! 거센소리가 젓가락장단 후렴 같고

실업급여 끊긴 통장 박박 긁은 두레상에

노르웨이 고등어가 소신공양 하는 저녁

먼 하늘 북두칠성도 소주잔을 기울인다

옹이박이

저녁 먹던 식탁에서
나무의 결을 본다

잔잔하게 물결치다 휘돌아 여울진 곳
상처가 꽃무늬로 핀 옹이 하나 박혀 있다

그 여름 태풍일까
벌목꾼 도끼였을까

나무는 다친 자리 새살 다시 돋워놓고
제 몸속 깊은 곳에다 꽃을 활짝 피웠구나

이 세상 누구인들
결대로만 살아가랴

흠집과 생채기를 서로서로 새기는 이들
내게도 밥숟갈 같은 옹이가 자라난다

배, 탈

삼겹살과 갈빗살을 그릇그릇 먹은 저녁
덤으로 함께 마신 서너 병 소주에 취한
배꼽 밑 기름진 골에
마그마가 들끓었다

중간에 급히 내린 지하철 공중화장실
다리가 저리도록 쭈그리고 앉은 동안
콰르르 물 내리는 소리
식은땀이 흐른다

제 속을 비우는 건 생살 찢는 아픔인가
버릴 것도 못 버린 채 똥배만 키운 도시
늘어진 뱃가죽 같은
발걸음이 무지근하다

그렇게, 남자

생피가 뚝뚝 듣는 피조개를 먹다 말고
훈련소 입소 전날 여관방을 떠올린다
꼭 다문 입술을 열던 비너스의 조가비

해초 숲 갯골 따라 그 내력을 캐는 동안
맨살 위에 찰박대던 아련한 파도 소리
비릿한 해감 냄새가 이불보에 흥건했다

왜문어 강다짐에 하혈을 다 쏟은 뒤론
흘릴 피가 더 없다며 쓸쓸히 웃던 그녀
놀빛에 붉어진 얼굴, 땅거미가 드리웠다

그날 이후 내 총에도 가늠자가 세워졌다
식도락의 포만보다 순정마초 꿈을 좇아
피조개 뭍에 오른 날, 한 남자가 태어났다

무임승차

앞으로만 내달려도
뒤로 자꾸 밀리는 길

내려야 할 종착지가 어딘지도 모르는 채

졸다가 놓친 풍경들 땅거미에 묻혀간다

무얼 해도 적자 같은 지난날 돌아보면

티켓 없는 이 하루가 우수리는 아닐는지

잡아도 잡히지 않는
짧은 하루 가고 있다

사나이의 바다

사나이는 바다란다!
입에 달고 다니셨던
영정 속 아버지가 나를 보고 웃으신다
얼굴에 소금꽃 몇 점 하얗게 피워 물고

눈짓으로 가리키는 수평선 좇다 보면
하늘까지 잠겨 있는 광대무변 푸른 평원
가슴속 녹슨 닻줄이 파도처럼 출렁인다

지금은 가닿았을까, 평생을 찾던 항구
그 새벽 안개처럼 향불 연기 자욱한데
창밖의 바람 소리가 뱃길 다시 열고 있다

물빛보다 푸른 핏줄 팔뚝에서 꿈틀대는
아버지 품은 바다 나도 따라 안기고파
만선의 제사상 위로 배 한 척을 띄운다

종이컵
— 다큐와 르포 사이·2

　내가 뭘 어쨌다고 내게 침을 뱉느냐고?

　내 아무리 일회용의 비천한 삶이지만 맡은 일 단 한 번이라도 가벼이 여긴 적 있었냐고? 산에서 바다에서 길에서 들녘에서 식당에서 호텔에서 밤하늘 비행기에서, 커피면 커피 맹물이면 맹물 소주와 막걸리에 그 잘난 와인까지 내 언제 낯가리는 것 보았냐고? 그도 모자라 초장 된장 고추장에 담뱃재 오줌까지 죄다 받아줬거늘, 이제 와서 고맙다는 공치사는 고사하고 우악스런 손아귀로 목줄을 조이다가 지르밟고 걷어차서 내쫓는 포악질까지 견뎌야만 하냐고? 오래 살게 해달라고 부탁한 적 없었고 텀블러나 머그잔을 탐한 적도 없었는데 그저 그런 쓰레기에 파렴치한 취급이라니……

　계약직 그리 홀대하면
　네 사업도 일회성 아니냐고?

제3부

69

위아래가 없다는 건
뒤집을 일 없다는 것

받은 대로 돌려주는
저 평등의 오르가즘

남과 북
옷 벗는 소리
무장해제
하고
있다

겨울 지오피

핏발 선 눈빛들이 철모 끈 푸는 시간
위장복에 묻어 있는 밤의 잔상 털어내듯
악쓰며 부르는 군가 잠든 하늘 깨운다

북쪽을 가리킬 땐 손이 아닌 총이라며
매복을 끝낸 해가 통문 빗장 다시 걸 때
철책에 매달려 우는 비무장 바람 소리

어둠의 홰를 쳐서 아침 여는 새들처럼
예광탄 소이탄을 얼음벽에 쏘아대면
겨울도 고집을 꺾고 고드름을 거둘까

고지(高地)의 그림자를 빠르게 지우는 햇살
밤새 앓던 무전기도 불을 끈 채 잠이 들고
혹한기 내성을 키운 봄이 한 발 다가선다

경의선 북행 전철

스파크를 일으키며 전동차는 달려간다

그대라는 종착지로 언제나 표를 끊지만

역과 역 승강장마다 연착된 시간이 길다

눈앞에 놓인 길은 두 줄기 평행선뿐

덜컹대는 바퀴 소리 소실점에 다다르면

너와 나 그렁한 눈빛 부둥키듯 하나 될까

비껴 치는 바람에도 휘청대는 완행열차

다리 풀린 승객들은 환승역에 내려놓고

산과 들, 강을 넘어서 당신께로 가고 있다

4·19탑 앞에서

사월의 흰 뼈들이 탑으로 우뚝 선 곳
수유동 묘역에 또, 서름한 봄이 왔다
라일락 짙은 향기에 흐릿해진 향불 연기

겨울은 흑백사진 속 빛바랜 얘기라며
산에 온 걸음들이 둘레길만 돌다 갈 때
쉰 목청 늙은 직박구리 귀밑이 붉어진다

가시 울 철책 넘은 주린 눈빛 멧돼지가
풀뿌리 몰래 캐다 파놓은 묘혈 하나
내일은 저 빈자리에 누가 누울 것인가

예순 해 전 청년들이 묘비명을 쓰는 봄날
되살아난 망령 같은 불볕을 경계하듯
뒷산은 초록 깃발을 다시 꺼내 흔든다

울돌목 노을

누가 또 피의 해역에 모닥불을 지피는가
애저녁에 속만 태울 좁은 물목 한가운데
무모도 저런 무모를
어쩌자고
어쩌자고

정유년 바다에도 불꾼 여럿 있었겠다
깜부기불 목숨마저 사릿물에 던져놓고
열세 척 쪽배에 올라
불섶 향해
가던 이들

불빛 핏빛 한데 엉킨 역사의 다비식장
환호성과 흐느낌이 밀썰물로 갈마들 때
남도 끝 개밥바라기
촛불 하나
밝혀 든다

겨울 정동진

갈매기가 떠난 해변 바람이 주인이다
힘 빠진 태양빛이 꼬리 사린 백사장엔
노을이 파도를 밀어 모래시계 지우고

동안거 노승처럼 먹옷으로 갈아입은
먼 바다 수평선에 드리우는 초어스름
화들짝 돌아본 자리, 내 곁에 너는 없다

동으로 내가 오면 서쪽으로 너는 가고
그렇게 우린 서로 엇갈리고 어긋맞다
이렇게 홑겹 외투의 깃만 자꾸 추키는가

해를 다시 보려거든 어둠을 견뎌야지
철길 옆 소나무가 고개를 주억거리는
정동진 저녁 하늘에 하나 둘 별이 뜬다

청령포

그댄 천 리 밖에 있고
나는 물에 갇혀 있네

마른자리 하나 없는 육지 속 섬에 들어
숨죽여 몸부림치는 강물 소리 듣는다

잠 못 든 솔부엉이
마른기침 토하는 밤

달빛에 솔 그림자 창검처럼 어른거리고
또 누가 강을 건너는지 나루터가 수런댄다

칼을 든 아침 동살 어둠발을 베고 나면
한 자락 꿈결 같은 이 봉인도 풀릴까

새벽이 치마를 끌며
문지방을 넘는다

묵언화법
— 쇠둘레* 기행 · 1

오지 마
가지도 마
부르지 마
손 흔들지 마
쏘지 마
겨누지 마
욕하지 마
덤비지 마
웃지 마
쳐다보지 마
그냥 아무 말도 하지 마

붉은 볏 두루미가 암구호를 외는 들녘

금지된 어록들이 철책선에 매달려 울 때

월정리 철마도 함께 녹이 슬고 있었다

*한국전쟁 당시 철의 삼각지로 불렸던 강원도 철원을 이르는 말.

월정리역에서
— 쇠둘레 기행·2

고라니 두루미도 불침번을 서는 산야
색 바랜 확성기가 말의 유탄 쏘아대는
지오피 철책선 위엔 노을마저 핏빛이다

무쇠도 세월 가면 녹슬고 부서지는데
겹겹의 저 철조망은 언제쯤 무너질까
완강한 적대의 가시
돋고 돋고
또 돋는데

비둘기호 통일호도 발길 끊은 역사(驛舍) 앞에
"철마는 달리고 싶다" 시위하는 팻말 하나
그 절규 메아리도 없이
DMZ만 떠돈다

두루미마을*에서
— 쇠둘레 기행·3

두루미 1개 분대 줄을 맞춰 날아간다
지뢰밭도 철조망도 발레 하듯 건너뛰며
날개를 활짝 펼친 채
집단 월북 감행한다

군복은 다 벗어던진 새하얀 행색 앞에
구름의 바리케이드 걷어버린 가을 하늘
지오피 전방초소 위
낮달 한 채 웃고 있다

통행증이 없어도 분계선을 넘는 새들
날개를 달지 못한 이 땅의 천형을 딛고
부딪쳐 철책을 뚫는
멧돼지나 될까보다

---

*강원도 철원군 대마리의 휴전선 인근에 조성된 평화마을.

욕지도

늙은 작부 입술에서 립스틱이 지워진다
파랑경보 내린 포구 오후의 술청 위로
엎지른 김칫국 같은 까치놀이 번질 때

옅은 한숨 한 줌에도 어깨가 들썩이는
난바다 물마루에 드리워진 붉은 주렴
가려도 가려지지 않는 끝물 생이 서럽다

물러설 곳 더는 없는 섬의 하루하루란
스무 살 앙가슴에 알을 낳던 불새거나
데식은 화목난로 속 깜부기불 같은 것

치마폭에 감춰놓은 지상의 녹슨 언어
그예 목쉰 재갈매기 젖은 눈빛 마주하면
목 꺾인 젓가락장단 파도를 넘고 있다

백야의 숲

자정이 다 되도록 촛불을 켜지 않았다
흐트러진 침대 맡을 휘적시는 보드카 향
나는 또 창문을 열고 밖을 가만 내다본다

자작나무 겨드랑이 애무하는 산들바람
간지럼 탄 잎과 가지 온몸을 뒤집을 때
나무의 거친 숨소리 내 귓불을 달군다

얼마나 더 홀로여야 오로라를 맞이할까
몰래 왔다 몰래 가는 새벽의 여신처럼
보지도, 잊지도 못해 어룽지는 얼굴 하나

한밤의 태양빛이 꼬리 길게 드리운 숲
짧은 여름 포옹하는 라플란드 하늘가에
연초록 눈뜨는 아침 순록 타고 오고 있다

박혁거세의 불
— 월성 원자력발전소 앞에서

백두산 천둥소리 제풀에 멎기까지
천상의 거인 하나 불을 들고 오기까지
아침은 밝지 않았다
봉인된 겨울이었다

그 불의 씨앗들이 물과 뭍 파고들어
어둠의 배를 갈라 폭죽을 터트리던 날
별빛도 함께 끓었다
첨성대가 뜨거웠다

토함산 산마루를 들고나는 빛과 열기
밤낮 없는 풀무질로 계림 숲 밝혀놓고
혁거세 불의 후예가
태양제를 올리고 있다

봄, 2020

가뭇해진 노을 위로 어둠이 발묵하듯
한 석 달 마른 숲에 불길이 번져가듯
코로나 바이러스 군단
봄을 온통 점령했다

악수는 거부당하고 입맞춤은 금지됐다
에멜무지로 버틴 땅엔 호흡기가 씌워지고
교회도, 성당 안에도
불신이 들어찼다

들숨날숨 검열하는 꽃샘잎샘 길목에서
낮밤 없는 에스오에스 먼 하늘로 타전하듯
구급차 사이렌 소리
비보비보 울고 있다

절집 이야기

부처님 모신 불당을
왜 절이라 부를까요?

불단 앞에 촛불 켜고 두 무릎을 꿇은 다음 오른쪽과 왼쪽 팔을 나란히 땅에 대고 바닥에 이마가 닿도록 오체투지 절을 하고, 일어나서 두 손으로 커다랗게 원을 그려 가슴에 모아 쥔 채 또 엎드려 절을 하고, 다시 또 일어나서 또또 절을 하고, 또또또 절을 하고 또또또또 절을 해서 백 번에 여덟 번은 더해서 꼭 채워야 온전한 절 한 번이 끝난다는 예절의식, 머리부터 무릎까지 구부릴 줄 아는 사람만 저들끼리 공손하게 절 나누는 절집이라서 그 이름도 절, 절이라 부르지요

금배지 절집 가자고 하면
고개 젓는 이유라지요

제4부

야생의 족보

내 피는 시나브로 바닷빛을 닮아간다

걸음발을 뗄 때마다
소금쩍이 이는 날들

바람에 눈을 맞추면 몸이 절로 들썩인다

반세기를 유랑해도 닿지 못한 섬이 있어

꿈속을 허우적대다
다시 쓰는 표류기

모비딕*, 그 전설은 아직 탈고되지 않았다

---

*허먼 멜빌(Herman Melville)의 동명소설에 나오는 흰 고래 이름.

개찌버리사초
―야생의 족보·1

그는 늘 젖어 있다,
불법체류 이주노동자

쉰내 나는 등줄기엔 마른버짐 피어나고
예초기 엔진 소리에 물관은 더 부풀었다

천둥지기 물골이나 농공단지 길섶에도
나절가웃 볕은 들고 별도 가끔 뜬다지만
찢겨진 비닐하우스엔 입 벌린 농약병뿐

독기라도 품었으면
문패 하나 달았을까

잡스런 땅에 와서 잡초로만 살아가는
꺾이고 짓밟힌 이름 제 뿌리에 묻는다

달맞이꽃
— 야생의 족보 · 2

달보드레한 저녁 길섶

한 여인과 마주쳤다

말을 걸까
그냥 갈까

얕은 어둠 주무르다

술잔 속 달을 마셨다

밤이 한 뼘 짧아졌다

남방큰돌고래
—야생의 족보·3

어디서 어긋났나,
고향으로 가는 길은
그렁한 눈망울로 톺아보는 지난 나날
투명한 유리벽 안에 난바다가 얼비친다

고등어 떼를 쫓다
다다른 마라도 해역
먹을수록 허기지던 유년의 덫에 걸린
십여 년 광대놀음이 해류처럼 흐른다

놀 지는 쪽으로만
몸을 푸는 태양 아래
걸그물 뛰어넘듯 솟구칠 날 다시 올까
휘파람 박수 소리가 꼬리지느러미에 감긴다

연어처럼, 여우처럼
— 야생의 족보 · 4

남쪽으로 머리를 두고
자는 날이 많아졌다

아침이면 찢어버릴 사직서를 다시 쓰며
가슴에 철썩거리는 파도 소릴 듣는다

배냇냄새 향기로운
그 섬에 가고 싶다

반드러운 서울 말씨 사릿물에 씻고 나면
바다의 푸른 핏줄이 야윈 팔에 돋아날까

양식장의 연어들은
물둘레만 빙빙 돈다

술잔 속 별로 뜨는 여우의 젖은 눈빛
묶음 된 야성의 포효 베갯잇을 적신다

이팝꽃
―야생의 족보·5

벼꽃보다 먼저 피는 입쌀 같은 꽃이 있네

살아선 늘 구뻐하던 여윈 배 채우란 듯

울 어매 가신 그 길에
올리는 메 한 그릇

세상 어떤 두레상이 저보다 더 환할까

오구물림 시나위에 뜨거워진 쪽빛 하늘

그 봄날 주린 허기가
고봉으로 피어 있네

낙지
— 야생의 족보·6

마른침이 꿀꺽! 한다, 쟁반 위 누드를 보면
실오라기 하나 없이 끈적대는 관능 앞에
달뜬 몸 몰래 식히듯 호졸근히 뱉는 신음

밤새워 널 먹고 싶다, 물고 빨고 핥아가며
먹물 밴 머리부터 매끄러운 다리까지
흡반에 입술이 붙는 저항에 부딪치더라도

비리고도 달콤하다, 물오른 육체의 맛은
혀와 혀가 감겨들던 첫 키스의 추억처럼
포만이 포말이 되어 스러지는 짧은 절정

알몸으로 살고 싶다, 이브처럼 아담처럼
채울수록 허기지는 미식가의 도시에서
선악과 물컹한 살이 잇바디를 애무한다

민달팽이에게
—야생의 족보·7

가려야 할 부끄럼이 네겐 당최 없나 보다
열꽃 핀 분비샘도 세상 앞에 열어놓고
제 몸의 골골샅샅을 누드화로 펼치느니

출렁이는 뱃살이나 늘어진 젖가슴은
중력을 거슬러온 길 위의 표훈인 듯
폭 좁은 걸음마저도 뼘들이로 너볏하다

나도 곧 알몸 되어 네 곁으로 가고 싶다
선웃음 꾸러미의 옷가지를 활딱 벗고
끈끈히,
그리고
천
천
히
스며드는 점액질처럼

아무르장지뱀
―야생의 족보·8

천형인 듯, 유형인 듯
안태본(安胎本) 기억이 멀다

두 갈래 혀뿌리엔 아라리도 발이 꼬여
조선도, 고려도 아닌 코리아만 되씹는다

아무르 강가에서 내몰리고 쫓긴 날들
시베리아 겨울처럼 뼛속 깊이 새겼는데
잘려진 꼬리에 돋는 새 비늘이 낯설다

아버지의 아버지가 노래하던 고향에도
푸른 눈 말더듬이 둥지 틀 숲은 있나

맨발의 카레이스키
백두대간 넘고 있다

강아지풀
─야생의 족보·9

몸뚱이는 어디 가고
꼬리만 저리 풍성할까?

파리 떼 유난히 끓는
유기견 보호소 앞

낯선 이 발소리에도
살랑대는 풀이 있네

쓸수록 더 커진다는
진화론이 익는 길섶

쓸모마저 잃을까 봐
바람자락 붙안고서

제 천성 대물림하려
씨앗 총총 물고 있네

버자이너 모놀로그
— 야생의 족보·10

왠지 이 말 앞에선 귓불이 뜨거워진다
서둘러 사전을 덮는 죄의식의 눈빛들
분절된 묵음의 언어 어둠 속에 몸을 푼다

세상 모든 비밀들이 여기서 잉태된다
유혹의 비린 살내 젖멍울로 번져갈 때
스무 살 가슴에 돋는 달을 보고 짖는 늑대

수수만년 봉인을 푼 알타미라 동굴처럼
푸른 밤의 숨소리가 대물림된 계곡의 샘
태곳적 생명의 성소(聖所)에 달빛 양수 출렁인다

그리움의 원형질은 발그레한 복숭앗빛
어머니 젖내 하며 안태본의 온기까지
끝 모를 화엄의 바다
내 고향이 거기 있다

보금자리
— 야생의 족보·11

적도 위 파푸아 섬 아르팍산 정글에는
건축사 정원사 같은 바우어*란 새가 산다
자신의 모든 시간을 집짓기에 쏟아붓는,

나뭇가지 물어다가 대여섯 달 집을 짓고
형형색색 물건들로 정원까지 꾸미는 수컷
보란 듯 세레나데도 간드러지게 부르며

산새도 집 있어야 짝을 맺는 다큐 앞에
컵라면 식은 국물이 목젖에 걸린 저녁
홀앗이 두 눈에 맺힌 아파트 불빛 어룽진다

---

*열대 산지에 사는 '보겔콥 바우어새(Vogelkop Bowerbird)'. '신방짓기새'라고도 한다.

백두 가솔송
— 야생의 족보·12

대륙 향해
창끝 겨눈
고구려의 전사답다

산 하나
호수 하나
짊어질 나라도 하나

눈보라
삭풍을 딛고
다시 꽃대 세운다

달과의 대화
―야생의 족보·13

언제부터 거기 있었나? 사흘 굶은 낯빛으로
자유롭게 떠났으면 진득이 눌러나 살지
금세 또 가고 말 것을 무엇 하러 다시 왔나

―아무런들 집시 삶이 나라고 좋기만 할까
―백만 촉광 불빛들이 아우성치는 서울에서
―내 자린 눈 씻고 봐도 애당초 없는 것을

그래도 어떻게든 발붙일 곳 찾아야지
입동 무렵 철새마냥 한데로만 떠돌다 보면
뼈 시린 노숙의 밤은 어디에서 지새냐고

―뿌리를 내리뻗어야 풀도 꽃을 피우는 법
―단칸방도 얻지 못해 허기만 찌웠는데
―나라고 무슨 재주로 이 역마살을 끊겠는가

날아라, 두루미
― 야생의 족보·14

자판기 커피 뽑다 새 한 마리 다시 본다
우수리로 돌려받은 오백 원 주화 속에
양 날개 활짝 펼친 채 부조된 저 두루미

어디로 날고 싶었나, 좁은 목 길게 빼고
하릴없이 바라보는 납빛에 잠긴 하늘
몸값을 저당 잡혀도 이민의 꿈은 멀다

주물공장 뜨건 굴뚝 지나온 황사비가
거품 문 개울 따라 몸 푸는 그날에도
갈맷빛 스러진 산엔 피가 돌고 있을까

소나무 참나무가 종이컵을 찍는 도시
뻥 뚫린 고목 가슴 콘크리트 땜질하듯
두루미 숨찬 울음이 쇳소리로 울린다

들개
— 야생의 족보·15

목줄을 끊고 서자
목젖이 뜨거워진다

가시덤불 잡목 숲도 화들짝 길을 열고
희미한 도시의 불빛 등 뒤로 스러진다

이제 더는 눈웃음을 꾸미지 않을 테다
바닥에 배를 깔며 무릎 꿇지 않을 테다
쉼 없이 비나리치던 꼬리는 거둘 테다

할아버지의 할아버지가 뛰놀던 숲을 향해
기름진 뱃구레를 털며 가는 만행(卍行)의 길

황야의 바람 소리가
목울대를 부풀린다

제5부

코로나 시대의 사랑

2미터 거리 밖에 너를 두고 볼 수밖에
꿀을 빨던 입술에도 마스크가 씌워지고
손조차 잡을 수 없던 그해 겨울 꽃샘바람

도시 속에 섬을 짓고 동안거에 드는 이들
봄 지나 여름 가을, 꽃은 또 피고 져도
구급차 경광등 불빛 잠든 어둠 깨운다

체온 서로 수혈하는 꿈은 정녕 꿈이었나
링거 줄에 몸이 묶인 철제침대 시트 위로
불규칙 가르랑 소리 줄타기를 하고 있다

폭염주의보

신들의 가마솥이
대지 위에 내걸린다

사우나에 맛을 들여 솥에 든 개구리들

산과 들 나무를 베며
불을
자꾸
때고 있다

홀로코스트
― 다큐와 르포 사이·4

먼 숲의 울음소리가
그렇게도 안 들리세요?

　당신이 종이컵으로 커피를 마실라치면 소나무 참나무가 전기톱에 쓰러져요 얼치기 시인들이 허세를 자랑할 동안 버드나무 닥나무는 줄초상을 치르고요 자연친화 아파트가 그린벨트 해제할 때 그 땅의 원주민은 홀로코스트 다큐를 찍죠 아직까지 지구에는 3조400억* 그루 나무가 있다지만 해마다 150억 그루의 나무가 사라져요

　이대로 200년만 지나면
초록별도 잿빛별이 되겠죠?

＊미국 예일대 Thomas Crowther 박사의 《네이처》 연구논문(2015년) 자료 인용.

폐곡선의 하루

교수대 올가미 같은 넥타이를 푸는 시간
숨 가쁜 해의 잔상 서랍 속에 개켜 넣고
찌푸린 하늘을 향해 건배사를 주절댄다

산다는 건 제 깜냥껏 비워야 할 술잔인가
버려지는 종이컵의 아픔도 모르는 채
회전문 틈새에 끼어 돌아가는 하루처럼

설핏해진 저녁놀을 지우는 도시의 불빛
사직서 문장 같은 길은 다시 옥아 들고
주정꾼 혼잣말 소리 어둠의 멱 끌고 간다

말복(末伏)

광화문 정부청사 뒤 새문안길 식당골목
도다리 몇 마리가 수족관에 붙어 있고
길 건너 개도 한 마리
엎드린 채 노려본다

횟집의 여닫이가 관절 앓는 소릴 내고
사철탕 집 탁자에는 소주병이 쌓여가도
바닥에 배를 깔고서
꼼짝 않는 두 생령

결투장에 발을 딛는 황야의 총잡이처럼
눈알 연신 굴려대는 생과 사의 눈치싸움
매미도 제풀에 지쳐
악다구니를 거둔다

다시, 광복절

바람마저 발길 끊은 독립기념관 들머리에
만세꾼 태극기들 어깨가 축 처져 있다
흙먼지 매연에 찌든
노숙자 꼴을 하고

나무는 제 상처를 옹이 속에 새겨 넣고
개울물도 산과 들을 고함치며 흐르는데
피로 쓴 숱한 맹세는
왜 얼룩만 남았을까

굴절각만 냅다 키운 선글라스 눈에 끼고
화씨 100도 해를 피해 그늘만 찾는 날들
동해 끝 붉은 태양이
이글대며 떠오른다

제주 동백

바람에 목을 꺾은 뭇 생령이 나뒹군다

해마다 기억상실증 도지는 봄 앞에서

상기된 얼굴을 묻고
투신하는 붉은 꽃들

죽어서 할 참회라면 살아서 진혼하라

산과 들 다 태우던 불놀이를 멈춘 섬이

지노귀 축문을 외며
꽃상여를 메고 간다

성산봉 일출

오늘도
폐허 위로 봉홧불이 오른다

머리 잘린 산 그림자
곤두
박인
핏빛 바다

테우리 목 쉰 울음이 터진목*에 홍건하다

---
*제주 4·3 당시 성산 지역 주민들이 집단으로 희생된 4·3 유적지.

백록의 눈물

백록! 백록!
부르다 보면 가슴께가 젖어든다
날 세운 바람 앞에 안으로만 삼킨 눈물
뿔 꺾인 사슴 한 마리 산담에 갇혀 산다

백 번은 올라서야 흰 사슴을 본다던가
잡풀은 스러지고 민머리로 남은 봄을
천 번에 천 번을 와도 볼 수 없는 사람아

비울 것 다 비워서 하늘마저 궁근 사월
털진달래 송이송이 붉은 혀 빼어 물면
활화산 분화의 기억 잠든 산을 깨운다

움푹 팬 정수리를 내리치는 천둥소리
까마귀 목쉰 울음 산을 타고 흘러내릴 때
눈 퉁퉁 고사리마가 눈물 왈칵 쏟는다

한모살*

누구는 당캐라 하고
누군 또 당포라던

넓디넓은 백사장에 화약 연기 자욱한 날

산 넘은 겨울바람은
칼끝보다 매서웠네

한라산 세명주할망 눈감지 못한 바다
표선리와 가시리에서 토산리 의귀리 한남리 수망리 세화리 성읍리까지 매오름과 달산봉을 타고 내린 눈물들이 웃말개미 천미천 지나 남초곶 해신당으로 휘뚜루마뚜루 흘러들어 포말로 흩어질 때
조간대 갯것들에는 피 냄새가 묻어 있네

상군해녀 물질로도
건지지 못한 혼불

부러진 죽창 위에 지노귀굿 기를 달면

까치놀 서녘 하늘이
제사상을 진설하네

―――――
*제주 4·3 당시 표선면과 남원면 일대 주민들을 총살하던 표선리 백사장.

빌레못굴* 연대기

1.
대지도 물김 뿜는 화산도의 숨찬 겨울
녹이 슨 쇠살문이 불침번을 서고 있다
선사의 푸른 달빛이 결빙된 연못가에

한 굽이 돌아들면 가슴 시린 바람 소리
역사의 앞마당에 들지 못한 기억들이
억새풀 줄기를 잡고 혼불처럼 일렁인다

2.
꺽짓손 설문대할망 불구덩이 잠재우면
한라산 자락 따라 살아 뛰던 푸른 맥박
태초의 어둠을 쫓는 아침 해가 솟았다

물과 불 그 경계를 넘나들던 맨발 자국
폭풍우도 눈보라도 온몸으로 그러안은
수천 년 묵언의 시간 화석으로 기록되고

곰 노루 울음마저 굳어버린 지층 아래
탄화된 씨족사(氏族史)가 돌무지로 깨어날 때
구석기 돌도끼 몇 점 해와 달 겨누었다

3.
수렵시대 잔해 같은 살육의 불씨 한 점
옛 주인 가고 없는 동굴 속에 되살아나
바다도 하늘과 함께 핏빛으로 물들였다

초가집은 태워지고 마을은 또 지워졌다
낮과 밤 두지 않던 생사의 가름 앞에
칡매끼 얽히고설켜 짧기만 했던 목숨줄

동굴 속 미로에도 깨지 못할 벽은 있어
미처 뛰는 구구총소리 산 쪽으로 돌려놓고
핏발 선 동공에 맺힌 붉은 눈물 쏟았다

아비가 아들을 묻고 할망이 산담을 쌓는

선대의 주름살이 산과 들을 뒤덮어도
탐라의 제사상에는 지방(紙榜)조차 쓰지 않고

천둥이 칠 때마다 몸을 움찔 떠는 동굴
빌레못에 갇혀 우는 시간의 샅 밑으로
용암은 출구가 막혀 속으로만 끓었다

4.
청맹과니 유물 캐듯 헛손질에 부은 목젖
봉인된 메아리가 실어증을 벗어날 쯤
까마귀 목쉰 울음이 물소리로 잠긴다

식민지 흉터 위에 막소금을 뿌리던 땅
야만의 어둠 걷는 볕은 아직 희미해도
다시금 새 봄을 여는 저 야성의 숨비소리

빗돌 하나 겨우 세운 굴은 차츰 무너져도
수평선 휘적시는 까치놀의 문신 같은

동굴 속 연대기 한 장 축문처럼 외고 싶다

※제주시 애월읍 어음리에 있는 용암 동굴. 석기·동물화석·숯 등이 발견된 구석기 시대 유적지이자 제주 4·3사건 당시 인근 주민 29명이 희생된 학살 현장.

가시리*

그대 빈 들녘에도 사월의 산담이 있어
가시밭 한뎃길에 나를 두고 가시나이까
곶자왈, 곶자왈 같은
돼기밭도 못 일군 채

조랑말 뒷발질보다 사람이 더 무섭다고
행기머체 찾아가는 갑마장길 오십 리에
따라비 따라비오름
바람만 우~ 따라오네

막으려고 쌓으셨나, 가두려고 두르셨나
긴 잣성 허물어도 해제 못한 옛 소개령
억세게 머리 센 억새
기다림은 끝이 없네

하늘빛이 깊을수록 그리움도 살찐다는
테우리 눈빛 뜨거운 가시리 가을 앞에
사려도 사리지 못해

타래치는 내 사랑아

*제주도 서귀포시 표선면 가시리.

목시물굴*의 별

아버지는 집에 남은 돼지만 생각하셨다

삼촌들은 캐지 못한 고구마가 걱정이었다

동네가 다 모였다며 하르방은 웃으셨다

거적을 깐 바닥에선 겨울이 스멀거렸다

서로 맞댄 등마루가 온돌처럼 따스했다

어둠 속 초롱한 눈빛, 별을 닮아 있었다

굴 어귀 옻 잎에도 선홍빛 해가 비쳤다

혼이 빠진 총소리가 생솔 타는 소릴 냈다

후드득 별이 떨어진 참 맑은 아침이었다

---

*약 40여 명의 희생자를 낸 조천읍 선흘리 제주 4·3 유적지.

달하 노피곰 도다샤

기 — 초승

세상 어느 모퉁이에서
문득 만난 그날부터

당신은 내게로 와서
일등성 별이 됐습니다

가슴에 은장도 하나
문신처럼 새겨놓고

승 — 보름

당신의 부신 빛은
홀로 받고 싶었습니다

흐벅진 당신의 품에

혼절하고 싶었습니다

욕심이 넘쳤다는 건
너무 늦게 알았습니다

전 — 하현

그렇다고 그리 바삐
멀어져만 가시나요?

발자국 지워질 때마다
핼쑥해지는 당신 모습

그걸 또 바라보는 난
찬 이슬에 젖습니다

결 — 그믐

당신이 없는 밤은
사막입니다
겨울입니다

어둠이 닻을 내린
심연입니다
무덤입니다

아침을 알리지 않는
고장 난
시계입니다

사랑이 사랑에게

지하철 계단 아래로 쓸쓸히 몸을 숨기는
누군가의 뒷모습을 하염없이 본 적 있나
전동차 바퀴 소리가 쟁쟁 울던 그런 날

여름의 손을 놓자 차디찬 겨울이 왔네
승차를 거부하며 전원 끊은 스크린도어
터널은 너무 길었네
봄도 따라 연착이네

부은 목젖 안 뵈려고 시퍼렇게 뱉던 말들
헐거워진 늑골 사이 메아리로 울려올 때
어제는 허깨비던가,
어디에도
없네
너는

해설

자본-기계의 풍경, 그리고 신화적 상상력
—임채성 시집 『야생의 족보』 읽기

오민석(문학평론가·단국대 교수)

1.

엘리엇은 「프루프록의 사랑 노래」에서 도시의 황량한 저녁 하늘을 "수술대 위의 마취된 환자"라고 은유한다. 그런 저녁은 "반쯤 버려진 거리", "하룻밤 싸구려 여인숙", "굴 껍데기와 톱밥이 깔린 식당"을 배경으로 펼쳐져 있다. 임채성이 『야생의 족보』에서 그려낸 풍경의 한쪽은 이보다 훨씬 더 잔혹하다. 그것은 '탈진 사회'에서 지치고 지쳐 쓰러지기 일보 직전인 사람들의 모습인데, 그들의 삶은 무한 경쟁, 완강한 계급 구조, 저임금, 주거 불안, 출구가 없는 인생 속에서, 속수무책이다. 열린 사회는 틈새와 탄력이 살아있는 사회이다. 시장 자본주의, 독점 자본주의 시대만 하더라도 시스템의 족쇄는 상대

적으로 헐거운 데가 있었다. 그러나 후기 자본주의 사회엔 빈틈이 없다. 그것은 자본-기계의 촘촘한 격자(grid) 안에 사람들을 밀어 넣고 이윤의 스위치를 올린다. 사람들은 무한 경쟁, 최대이윤을 극대화하는 회로 안에서 로봇처럼 움직인다. 기능만 남은 삶 속에 다른 출구는 없다. '열심히 일하면 잘살 수 있다'는 구호는 먼 옛날의 잠꼬대가 되어버렸다. 잘살고 못살고는 개인의 근면성이 아니라 시스템이 결정한다. 시스템의 상부에는 극소수의 운 좋은 인간들만이 들어가 있다. 나머지는 뛰어봐야 벼룩이다. 임채성은 이 살벌하고 쓸쓸하며 돌이킬 수 없는 탈진 사회의 끔찍한 현실에 주목한다.

    사람 위에 사람 있고
    사람 밑에 사람 있다

    찬물도 쌍둥이도 위아래가 있다던가, 상하좌우 뒤집기가 금지된 욕실에서 목과 허리 굽혀 얻은 몸속의 찌꺼들을 정화의식 치르듯 아래층에 쏟을 동안,

    누구냐?
    내 머리 위에 똥물을 끼얹는 이
        —「층층시하—다큐와 르포 사이·3」 전문

이 시집의 첫 작품은 이렇게 요지부동의 수직적 계급 구조를 그리는 것으로 시작한다. 효율만 중시하는 사회의 인간관계는 '위아래'만 있고 '옆'이 없다. 수직의 절벽 같은 계급 구조는 사람의 '곁'을 허락하지 않는다. 계급-절벽의 최상부에 있지 않은 모든 사람은 "머리 위에 똥물"을 이고 산다. 자본-기계를 가동하는 계급의 이 촘촘한 구조를 시인은 "층층시하"라 부른다. 계급의 층위마다 특별한 역할과 차별적 소득들이 부여되고, 이 위계의 "상후좌우 뒤집기"는 엄격히 "금지"되어 있다. 시인은 이 살벌한 풍경을 "다큐와 르포 사이"라 부름으로써, 사실성을 강화하고 비유성을 약화한다. '제발, (비유가 아닌) 사실 그대로의 이 모습을 들여다보라'는 것이다.

> 자동차 그림자가 컵밥 그릇 밟고 간다
> 동공을 쏘는 불빛 편두통을 일으키고
> 가슴엔 타이어 자국
> 문신처럼 새겨진다
>
> …(중략)…
>
> 나는 법을 잊어버린 고시원 비둘기가
> 이력서에 쏟고 쏟는 빙점 밑 강물 소리
> 무궤도 별똥별 하나

한강으로 떨어진다
                           ─「이카로스의 날개」 부분

 "컵밥"은 최소한의 기능만 남은 음식이다, 거기에 향유의 즐거움은 없다. 값싸고 간편하게 먹을 수 있으므로 시간에 쫓기거나 가난한 사람들이 주로 애용한다. "자동차 그림자"는 폭주하는 자본과 계급의 상징이다. 그것은 가동에 방해가 되는 모든 것의 가슴을 뭉개고 그것에 "타이어 자국"을 문신처럼 남긴다. "고시원"은 자본-기계가 무력한 하위주체(subaltern)에게 허락한 "층층시하"의 한 공간을 상징한다. 자본-기계는 하위주체들이 정해진 컨베이어벨트 밖으로 나가는 것을 허락하지 않는다. 무수히 써대는 "이력서"는 자본-기계의 선택과 배제 기제의 앞에서 무력하기 짝이 없다. 태양 가까이 날아오르다 날개가 녹아 내려버린 이카로스처럼, 탈진 사회의 하위주체들에겐 상승이 허락되지 않는다. 자본-기계가 정해놓은 길 외에 다른 길이 없으므로 그들은 사실상 "무궤도"의 삶을 사는 것이나 다를 바 없다. 수직적 탈진 사회에서 그들에게 주어진 것은 '추락'밖에 없고, 그들의 쓰러짐은 "별똥별"의 사라짐처럼 덧없다.

       단두대 칼날 같은 시침 분침 겹쳐지면

비명도 절규도 없이 선지피를 쏟는 하늘

잘려진 하루의 목이 빈 술잔에 떨어진다

목 잃은 좀비들이 헤매 도는 뒷골목엔

기름 솥을 뛰쳐나온 바삭한 닭 울음이

고층 숲 도시를 향해 홰치는 시늉을 하고
　　　　　　　　　　　　　—「18시 33분」 부분

  자본주의에서 임금은 시간 단위로 계산된다. 자본가는 정해진 시간의 정해진 노동량을 정확히 계산한다. 자본의 시간은 "단두대 칼날" 같다. 마르크스의 말대로, 방직기가 잉여가치에 대해 자기 몫을 주장할 수 없는 것처럼, 노동자도 자신이 생산한 상품에 대하여 아무런 몫이 없다. 그들은 "목 잃은 좀비들"처럼 사람이 아닌 노동-기계로 존재한다. 그들은 노동과 자신들이 만든 상품에서 소외되었으므로, 그들의 진짜 삶은 노동 과정이 아니라 노동이 끝난 후의 선술집이나 가족들과의 저녁 식탁에서 시작된다. 노동에서 벗어났을 때만 그들은 노동-기계가 아니라 인간이 된다. 그러나 보라. 그들이 하루의 고되고 헛된 노동 후에 즐기는 뒷골목엔 "기름 솥을 뛰쳐나온 바삭한 닭 울음이/고층 숲 도시를 향해 홰치는 시늉을" 한다. "목 잃은 좀비"는 엘리엇의 "마취된 환자"보다 훨씬 더 끔찍해진 '탈진 사회'의 모습을 보여준다. "기름 솥을 뛰쳐나온 바삭한 닭 울음"은 엘리엇의 "반쯤 버려진 거리", "하룻밤 싸구려 여인숙"보다 훨씬 더 비(非)서정적인 잔혹극의 배경이다. 시인은 「종이컵―다큐와 르포 사이·2」라는 시에서 다양한 용도로 마구 사용하고 쓰레기처럼 버려지는 종이컵을 "계약직" 노동자에 비유하는데, 여기에서도 "다큐와 르포 사이"라는 부제를 달아 사실성을 부각한다. 종이컵에 불과한 노동자는 자본―기계가 완벽하게 물화(物化)시킨, 그리하여 인간적 속성을 완전히 상실한 물건―주체이다. 이것이 임채성 시인이 목도하고 있는 21세기 대한민국의 풍경이다.

2.

임채성이 구제 가능성이 거의 없는 현실을 "다큐와 르포"처럼 형상화하면서 들여다보는 것은 바로 "야생의 족보"이다. 그가 말하는 야생은 문명화 혹은 자본화 이전의 원시적 생명성을 지칭하는데, 이는 종종 신화적 상상력과 결부되면서 "족보"처럼 이어져 내려온 '집단 무의식'과 연결된다. 그 집단 무의식은 반생명적이며 철저하게 물화된 현재와는 대각점에 있는, 생명성이 넘치는 에너지이다. 그것은 인간을 위아래로 편

가름하지 않으며, 기계 부속처럼 취급하지 않고, 공통의 대의 속에서 어깨동무하게 해준다. 그것은 생명성의 원형 같은 것으로서 수직적 위계가 아니라 수평적 동거를 지향한다. 시인은 반인간, 반생명의 대척점에 있는 "야생"의 샘물에서 갈급한 목을 축인다.

> 1.
> 얼마나 걸었을까
> 무릎뼈가 시큰하다
> 얼어붙은 산과 계곡 자갈뿐인 들을 지나
> 신탁(神託)을 따라나선 길 흙먼지가 자욱하다
>
> 2.
> 선지자 거울에 비친 바닷가 수정 동굴
> 검은 용에 붙들려 간 아사달의 왕녀 찾아
> 차디찬 동토의 대륙, 봄 다시 맞고 싶다
>
> 횟배 앓는 바람 소리 칼집에 갇혀 울 때
> 비파형 검을 덮는 이끼 같은 푸른 녹들
> 어둠의 역린을 찔러 용의 피로 씻으리라
>
> 3.

성전(聖戰)의 상처에는 거먕빛 꽃이 핀다
공주여, 용의 불길에 내 몸이 타거들랑
해 바른 고인돌 아래 검과 함께 묻어주오

그대 손이 어루만진 수의라도 입는다면
선사의 주술 뚫고 한 신화로 깨어나리
살 비린 피의 내력을 싹둑 끊은 전사로서
　　　　　　　　　　　　—「청동검의 노래」 전문

앞에서 살펴본바 탈진 사회의 현실을 그린 시들은 사실성을 높이기 위해 의도적으로 비서정적이었다. 묘사에 있어서 서정성을 최대한 삭제함으로써 시인은 삭막한 현실의 삭막한 형상화에 성공했다. 그러나 그것과 반대편에 있는 신화적 생명성의 세계를 그릴 때 그의 붓놀림은 달라진다. 묘사는 판타지 문학을 연상시킬 정도로 자유로워지며, 문체는 웅장해지고, 사실보다 상상력의 전압이 훨씬 더 크게 올라간다. 이 시에서 "청동검"은 신의 명령에 따라 죽음을 무릅쓰고 어둠과 싸우는 전사적 주체의 상징이다. 시인이 "신탁(神託)" 담론을 선택하는 이유는, 그것이 자본-기계의 시스템을 넘어서는 세계에 대한 상상을 가능하게 해주기 때문이다. 현실에서 자본-기계의 지배가 불가항력적일 때, 신화적 상상력은 '다른' 세계의 가능성 혹은 잠재성에 대한 소망을 갖게 해준다. 프로이트적으로 말하자면, 이는 소망의 상상적 충족에 해당한다. "비파형 검을 덮는 이끼 같은 푸른 녹들"은 오랜 역사를 축적한 원시적 생명성의 세계를 일깨운다. 현실을 넘어서는 신화적 영웅의 혈통은 신탁의 먼 과거에서 현재에 이르기까지 인간의 생명선(life line)을 따라 이어져 내려오고 있다. 이것은 집단적 무의식의 형태로 남아 있는 집단적인 경험이며, 통시적인 시간이 횡으로 잘라낼 수 없는 인류의 생명 에너지이다. "어둠의 역린을 찔러 용의 피로 씻으리라"는 영웅적 기개는 반영웅, 탈영웅의 시대에 오히려 긴요한 생명 정신이다.

> 정유년 바다에도 불꾼 여럿 있었겠다
> 깜부기불 목숨마저 사릿물에 던져놓고
> 열세 척 쪽배에 올라
> 불섶 향해
> 가던 이들
>
> 불빛 핏빛 한데 엉킨 역사의 다비식장
> 환호성과 흐느낌이 밀썰물로 갈마들 때
> 남도 끝 개밥바라기
> 촛불 하나
> 밝혀 든다
>
> ―「울돌목 노을」 전문

이 시는 「대왕암 앞에서」, 「박혁거세의 불」과 더불어 역사의 현장에서 찾아낸 영웅 담론으로 이루어져 있다. 죽음을 불사하고 "울돌목"에서 왜군에 맞서 싸웠던 영웅적 서사의 주체들은 "고시원"에서 "종이컵", "컵밥"으로 연명해야 하는 현대의 반영웅적 주체들과 대조된다. 역사적 주체들은 현대의 주체들과 달리 대의를 위해 목숨을 던지는 기개를 가지고 있다. 그들은 나라를 위해 죽음의 "불섶", "역사의 다비식장"에 "환호성과 흐느낌"으로 맞선다. 사물화된 현대-주체와 영혼이 살아있는 역사-주체의 이런 대비는 큰 이야기(grand narrative)가 사라진 현대의 왜소한 삶을 더욱 부각한다. 시인은 신화적 상상력을 통해 한편으로는 사라진 생명성을 소환하고, 다른 한편으로는 영혼이 삭제된 현대-주체의 물화 현상을 고통스럽게 전경화한다. 생명성 넘치는 신화적 주체들에 비해 계급적 현금관계(cash nexus)만 남은 현대-주체는 얼마나 무력하고 비생명적인가.

　　내 피는 시나브로 바닷빛을 닮아간다

　　걸음발을 뗄 때마다
　　소금쩍이 이는 날들

바람에 눈을 맞추면 몸이 절로 들썩인다

반세기를 유랑해도 닿지 못한 섬이 있어

꿈속을 허우적대다
다시 쓰는 표류기

모비딕, 그 전설은 아직 탈고되지 않았다
—「야생의 족보」 전문

  표제작인 이 작품은 임채성 시인의 시적 벡터가 무엇인지 잘 보여준다. 바다와 "모비딕"은 원시적 생명성의 상징이고, "시나브로 바닷물을" 닮아가는 화자는 "반세기를 유랑해도 닿지 못한 섬"을 찾아 떠도는 주체이다. 그는 "바람에 눈을 맞추면 몸이 절로 들썩"일 정도로 유목민적 기질에 충실하다. 틈새 없는 격자로 삶의 잠재성을 삭제하는 자본-기계에 맞설 수 있는 것은, 오로지 "전설"처럼 살아있는 유목의 정신이다.

3.

  이 시집의 4부에는 표제작을 포함하여 "야생의 족보"라는 부제를 단 열다섯 편의 연작시들이 있다. 그는 이 작품들에서 왜소한 현대-주체들의 삶을 야생의 생물들과 중첩시킨다. 이 중첩의 공간은 현대-주체와 야생 생물들 사이의 유사성을 드러냄과 동시에 현대-주체의 출구가 결국은 야생적 생명성의 분출에 있음을 보여주기 위한 전략이다.

> 아침이면 찢어버릴 사직서를 다시 쓰며
> 가슴에 철썩거리는 파도 소릴 듣는다
>
> 배냇냄새 향기로운
> 그 섬에 가고 싶다
>
> 반드러운 서울 말씨 사릿물에 씻고 나면
> 바다의 푸른 핏줄이 야윈 팔에 돋아날까
>
> 양식장의 연어들은
> 물둘레만 빙빙 돈다
>
> 술잔 속 별로 뜨는 여우의 젖은 눈빛
> 묵음 된 야성의 포효 베갯잇을 적신다
> ―「연어처럼, 여우처럼―야생의 족보·4」 부분

사직서를 썼다가 생계 때문에 다시 찢곤 하는 화자는 늘 "가슴에 철썩거리는 파도 소릴" 듣는다. 그것은 마치 "양식장의 연어"처럼 시스템에 꼼짝없이 갇혀 있다. 그에게 필요한 것은 "바다의 푸른 핏줄"이지만, 그것의 "야성"은 "묵음"이 되어 있다. 그의 해방은 "묵음"이 원시적 "포효"가 될 때 이루어진다. 시인은 왜소하고 무력한 현대-주체를 이렇게 "야생의 족보"에 연결시킨다. 그 족보는 오래된 꿈이자 무의식이며, 욕망이고 잠재성이다. "야생의 족보" 연작시에는 이렇게 사물화된 현대-주체만이 아니라 일상의 다양한 층위들을 읽어낸 시들이 많다. 그는 로드 무비의 주인공처럼 야생의 생명성을 찾아 불모의 현재에서 먼 원형(原形)의 시간으로 자꾸 거슬러 올라간다.

지금까지 살펴본 것처럼 이 시집의 근저에는 자본/인간, 문명/야생, 반생명/생명의 이항 대립의 구조가 있다. 그는 모든 생명을 사물화하는 자본-기계의 어둡고 황량한 풍경을 목도하면서, "야생의 족보"에서 출구를 찾는다. 야생의 족보는 신화적 상상력에 의해 더욱 보강되며, 이 황폐한 세계에 생명성의 건강한 집단 무의식을 자꾸 소환한다. 이런 식의 이항 대립은 자본-기계가 만든 풍경을 더욱 황폐한 것으로 보이게 만들면서, 진정한 삶의 잠재성이 반자본, 반문명의 원시적 생명성에 있음을 환기시킨다. 그런 점에서 임채성은 자본-기계가 지배하는 일상과 역사, 그리고 신화를 가로지르며 세계의 총체적 그림을 그려내는 리얼리스트이다.

시인동네 시인선 171

야생의 족보

ⓒ 임채성

초판 1쇄 인쇄	2022년 3월 7일
초판 1쇄 발행	2022년 3월 15일
지은이	임채성
펴낸이	김석봉
디자인	헤이존
펴낸곳	문학의전당
출판등록	제448-251002012000043호
주소	충북 단양군 적성면 도곡파랑로 178
전화	043-421-1977
전자우편	sbpoem@naver.com

ISBN 979-11-5896-545-7 03810

*이 책의 판권은 지은이와 문학의전당에 있습니다.
*양측의 서면 동의 없는 무단 전재 및 복제를 금합니다.
*잘못 만들어진 책은 바꿔드립니다.
*이 시집은 한국문화예술위원회 2021년 아르코문학창작기금 지원으로 발간되었습니다.